¿Cómo se hace el chocolate?

Grace Hansen

Abdo
¿CÓMO SE HACE?
Kids

abdopublishing.com

Published by Abdo Kids, a division of ABDO, P.O. Box 398166, Minneapolis, Minnesota 55439.

Copyright © 2018 by Abdo Consulting Group, Inc. International copyrights reserved in all countries.
No part of this book may be reproduced in any form without written permission from the publisher.

Printed in the United States of America, North Mankato, Minnesota.

102017

012018

 THIS BOOK CONTAINS
RECYCLED MATERIALS

Spanish Translator: Maria Puchol

Photo Credits: Alamy, AP Images, iStock, Shutterstock

Production Contributors: Teddy Borth, Jennie Forsberg, Grace Hansen

Design Contributors: Dorothy Toth, Laura Mitchell

Publisher's Cataloging in Publication Data

Names: Hansen, Grace, author.

Title: ¿Cómo se hace el chocolate? / by Grace Hansen.

Other titles: How is chocolate made?. Spanish

Description: Minneapolis, Minnesota : Abdo Kids, 2018. | Series: ¿Cómo se hace? |
      Includes online resources and index.

Identifiers: LCCN 2017946206 | ISBN 9781532106583 (lib.bdg.) | ISBN 9781532107689 (ebook)

Subjects: LCSH: Chocolate--Juvenile literature. | Manufacturing processes--Juvenile literature. |
      Chocolate processing--Juvenile literature. | Spanish language materials--Juvenile literature.

Classification: DDC 664--dc23

LC record available at https://lccn.loc.gov/2017946206

Contenido

El cultivo del cacao

La mayoría del cacao se cultiva en África. Crece en los árboles del cacao.

4

África

5

En los árboles del cacao crecen unas **vainas** grandes. Dentro de las vainas hay alrededor de 30 a 40 semillas. Estas semillas se llaman granos de cacao.

Estos granos de cacao son de un color claro. Se ponen al sol para secarse y así cambian a color café. Los granos tienen un sabor amargo. Pasan por un proceso para cambiar ese sabor.

9

Fábrica de chocolate

Los granos de cacao se transportan del campo a la fábrica donde los tuestan. Hornos gigantes calientan los granos a 300 grados Farenheit (149 °C). Se tuestan durante dos horas.

11

Después de tostar los granos, se **descascarillan**. Este proceso separa las cáscaras de las **virutas**.

13

Estas **virutas** se muelen hasta que quedan como una pasta o manteca. Esta manteca de cacao es **amarga**. ¡No sabe nada bien!

El fabricante puede añadirle otros ingredientes, como azúcar o vainilla. Así se endulza la manteca. Cuando se añade leche se hace chocolate con leche.

Unos rodillos mezclan esta
masa dulce. Así se consigue
una textura suave y se resaltan
los sabores.

19

¡Listo para enviar!

Hay que enfriar y calentar el chocolate varias veces. Esto hace que se vea brillante. De ahí pasa a unos moldes para ser enfriado y empaquetado. ¡Ya puede enviarse a las tiendas!

Más datos

- Se necesitan 400 granos de cacao para conseguir una libra de chocolate.

- El 70% del cacao se produce en el África occidental.

- El árbol del cacao produce sus primeros granos a los 4 ó 5 años.

Glosario

amargo – sabor intenso que crea una sensación desagradable y que no es ni agrio ni salado.

descascarillar – separar las cáscaras de la parte necesaria para hacer el chocolate.

vaina – parte de los árboles del cacao que contiene los granos con los que se hace el chocolate.

virutas – chocolate en su forma más pura, antes de que se le añada ningún ingrediente.

Índice

Abdo Kids ONLINE

FREE! ONLINE MULTIMEDIA RESOURCES

¡Visita nuestra página
abdokids.com y usa este código
para tener acceso a juegos,
manualidades, videos y mucho más!

Código Abdo Kids:
HHK0451